Sept mensonges du sexisme

Lucia Canovi

Sept mensonges du sexisme

« Moins l'homme est intelligent, plus la femme lui paraît bête. »

D'après ALAIN GIDE

Introduction

Tout est à jeter dans le sexisme.

Cette idéologie ne vole pas un millième de millimètre plus haut que le racisme… qui fait lui-même du rase-mottes et des trous, creusant des nids-de-poule dans la chaussée.

De la même manière que les racistes s'imaginent que ceux qui ne sont pas de la même couleur qu'eux sont moins intelligents qu'eux, les sexistes s'imaginent que ceux qui ne sont pas du même sexe qu'eux sont nouilles : bêtes à manger du foin.

Et de le même manière que le racisme va généralement du blanc vers le noir (ou le café au lait, ou le blanc mat), le sexisme va généralement de l'homme vers la femme. Quand une femme déteste les hommes, c'est plus souvent par dépit que par mépris naturel, spontané et sincère. Si elle considère les hommes comme des créatures inférieures, c'est par un effort de volonté. Un effort non négligeable. Elle n'est pas *naturellement* sexiste, car le rapport de forces n'est pas en sa faveur, même si de nos jours, il l'est de plus en plus. Pour mépriser sincèrement quelqu'un, il faut lui être socialement supérieur.

L'idéologie sexiste devrait avoir disparu depuis longtemps.

Après tout, de nos jours tout le monde sait que les femmes ne sont pas moins brillantes que les hommes, que l'intelligence n'a rien à voir avec le sexe, que notre sagesse, ou notre manque de sagesse, n'est pas déterminée par notre appartenance à la moitié mâle ou femelle de l'Humanité...

Tout le monde ?

Non, pas tout à fait.

Il me semble – j'ai peut-être tort – que ces derniers temps, le sexisme reprend du poil de la bête : cette bête immonde (car il n'y a pas que le nazisme qui en soit une) est en pleine convalescence. Si on ne fait rien pour l'arrêter, je crains qu'elle ne soit bientôt sur pieds, sur pattes.

J'ai aussi tendance à m'imaginer – là aussi j'ai peut-être tort – que la célébrité d'Alain Soral y est pour quelque chose.

Si vous ne connaissez pas Alain Soral, permettez-moi de vous le présenter : c'est l'un des gourous de la « dissidence » et un ami de l'humoriste Dieudonné. (Ou *était*, car dans ce petit monde orageux les choses changent vite.) Infatigable quand il parle, Alain Soral fait de la boxe, a le crâne rasé, et exsude une virilité si entêtante qu'elle se fait sentir jusque dans les titres de ses bouquins, Alain Soral étant aussi écrivain. L'un de ses livres est baptisé *Texticules* : admirez la mâle astuce du jeu de mots… Exquis, n'est-ce pas ? Allons, ne faites pas la fine bouche : on offre bien en plat du jour les *cojones* après la corrida.

Alain Soral est assez futé, assez retors, pour dissimuler son sexisme derrière de l'antiféminisme.

Il prétend défendre des valeurs traditionnelles, et se couvre de ce bouclier-là pour cacher sa misogynie et son mépris des femmes, de toutes les femmes, sur lesquelles il vomit des insultes d'une banalité à pleurer avec autant de retenue et de discernement qu'une gargouille de l'eau de pluie.

Sur les réseaux sociaux, on entend parfois l'écho affaibli de ses sophismes, de ses rodomontades et de ses injures. Des remarques si pitoyables qu'elles ne méritent même pas qu'on les ramasse, mais… on ne sait jamais : parfois, la bêtise fait tache d'huile. Alors je me suis dit que, peut-être, il ne serait pas superflu de démontrer l'inanité de quelques propos sexistes qu'on rencontre de-ci, de-là. De cette manière, la prochaine fois que vous vous retrouverez nez à mufle avec la bête immonde au détour d'une conversation, vous serez armé pour la combattre.

Entrons sans attendre dans le vif du sujet… et de la stupidité.

Première idée fausse

Commençons par l'argument *ad nobelum*. Le voici, tel qu'on peut le rencontrer sur divers forums :

> « Pourquoi 99% des Prix Nobels sont des hommes à votre avis ? Les femmes sont 52% en France, soit plus nombreuses que nous, et 55% dans le monde environ, mais n'obtiennent même pas 0,1% des Prix Nobels ! Étonnant non ? C'est logique, c'est la nature qui a fait ça. La femme est inférieure à l'homme. »

Ce qui est drôle, dans cet argument, c'est la naïveté de celui qui le tient. Apparemment, ce jeune homme (je suis sûre que c'est un jeunot né de la dernière pluie, un blanc-bec tout juste sorti de son œuf) s'imagine que les prix Nobel sont décernés par Mère Nature en personne.

C'est elle qui, d'un œil objectif et impartial, choisit qui mérite le prix Nobel et qui ne le mérite pas. C'est elle qui l'accorde gracieusement aux plus hauts génies, sans se laisser influencer par aucune considération moins noble et moins pure que la seule valeur intellectuelle et scientifique du savant concerné.

Fin du rêve, retour à la réalité.

Le prix Nobel a beau apparaître comme la consécration ultime, il n'en est pas moins décerné par un jury composé d'êtres humains modèles courants. Autrement dit, des gens. Synonymes : *individus, gars, gaillards, loustics, quidams, bonshommes.*

Ces *bonshommes* sont en écrasante majorité des hommes. Que des hommes attribuent des prix à d'autres hommes, et oublient les femmes, est-ce vraiment si étonnant ?

À noter qu'avec le même argument ad nobelum on « prouve » la supériorité intellectuelle du peuple juif sur le reste de l'Humanité, car les juifs sont sur-représentés parmi les prix Nobel. Conclusion prématurée.

Dans les coulisses de tous les prix prestigieux se jouent des intrigues, des luttes de pouvoir, des jeux d'influence, des renvois d'ascenseur.

Le gagnant méritait-il son prix, ou était-il la bonne personne au bon endroit et au bon moment, le fou nécessaire pour faire échec et mat à l'adversaire, lors d'une partie invisible dont le grand public ne sera jamais informé ?

L'un ou l'autre, ou peut-être un peu des deux.

Ni les prix Nobel, ni le Quotient Intellectuel, ni aucun autre critère apparemment objectif, ne prouve irréfutablement quoi que ce soit. Chacun a sa définition de l'intelligence et de la sagesse, et selon la définition que l'on adopte, ce sont les uns ou les autres qui paraissent les plus malins ou les plus crétins.

Ce n'est vraiment qu'une question de point de vue.

Si, par exemple, vous décrétez que le comble de l'intelligence, c'est de rester loin des problèmes et d'éviter les ennuis, alors les hommes sont nettement plus bêtas que les femmes, puisque ce sont eux qui remplissent les prisons, eux aussi qui remportent la palme des accidents bêtement mortels. (Les Darwin Awards, qui récompensent les morts les plus stupides, sont attribués à des hommes à hauteur de 90 %.) Les comportements insensés, ceux où le bénéfice apparaît comme négligeable, voire inexistant, et le résultat comme désastreux, voire mortel, sont des comportements *masculins*. Et se comporter comme un idiot, n'est-ce pas la preuve décisive et incontournable qu'on en est un ?

D'une façon comparable, si l'on considère que bien conduire, c'est éviter les accidents graves et mortels – une définition qui tient très bien la route, me semble-t-il –, alors les hommes conduisent nettement plus *mal* que les femmes. Pourtant, à les écouter, ils conduisent infiniment mieux... mais c'est qu'ils ont d'autres critères. Chacun ses critères.

Vous l'avez compris : je ne suis pas en train de prétendre que les femmes sont supérieures aux hommes. Je vous montre seulement qu'aux arguments sexistes prohommes, on peut riposter par des arguments sexistes profemmes : on peut argumenter en faveur d'une infériorité masculine aussi bien qu'en faveur d'une infériorité féminine.

Et aucune des deux argumentations ne vaut un pet de lapin.

Deuxième idée fausse

Passons sans transition à une deuxième ineptie sexiste. L'idée selon laquelle il n'y a pas de Picasso chez les femmes, ce qui prouverait que les femmes n'ont pas l'étincelle du génie artistique :

> « Pourquoi il n'y a jamais eu de Beethoven, de Mozart, de Tolstoï ou de Picasso au féminin ? »

Cette question est tellement niaise qu'elle me paraît un argument de poids en faveur, non de l'infériorité intellectuelle des femmes, mais de l'infériorité intellectuelle de ceux qui y ont recours pour démontrer que (quelque part) ils sont un peu des génies, puisqu'ils ont du poil au menton comme Bach, Mozart et Tolstoï, mais comme la crétinerie intrinsèque de cette question rhétorique ne vous saute peut-être pas aux yeux, remplaçons-là par cette autre question :

> « Pourquoi est-ce qu'il n'y a jamais eu de Elisabeth Jacquet de la Guerre, de George Sand, de Charlotte et Emily Brontë, de Lolita Lempicka ou de Frida Kahlo au masculin ? »

Non, mais c'est vrai, pourquoi ?

Pourquoi n'y a-t-il jamais eu de clones masculins de ces femmes de génie ?

Parce que le clonage n'existait pas encore à leur époque ?

Parce qu'aucun être humain n'est la copie conforme d'un autre ?

Les sexistes qui s'étonnent (enfin, ils font semblant) qu'il n'y ait pas de Picasso au féminin partent du principe qu'une femme de génie devrait être une espèce de photocopie d'un homme de génie dont ils ont vaguement entendu parler à l'école... Désolée, ou plutôt ravie, de les décevoir, mais ça ne marche pas comme ça. Les femmes de génie, comme leurs confrères masculins, tracent leur propre voie. Si elles imitaient bêtement Bach, Mozart, Tolstoï ou Picasso, ce ne seraient pas des femmes de génie, mais des disciples fadasses, des élèves sans personnalité ni immortalité.

Frida Kahlo, ce n'est pas Picasso au féminin, de même que Picasso, ce n'est pas Frida Kahlo au masculin. Et ce n'est certainement pas de ma faute si l'on entend plus souvent parler de Picasso que de Frida Kahlo... Le fait que les femmes de génie soient pour la plupart moins célèbres que les hommes de génie ne change strictement rien à l'affaire. La valeur n'est pas une démocratie : il ne suffit pas de remporter la majorité des suffrages pour être un génie, ni d'être un génie pour remporter la majorité les suffrages.

Et puis d'ailleurs, il faut arrêter avec Picasso.

Personne ne regarde un tableau de Picasso pour son plaisir, simplement pour se délasser les yeux. Les tableaux de Picasso sont *laids*. Picasso a la *réputation* d'être un génie. Ses tableaux sont des attentats contre l'Art et l'Harmonie, agressions visuelles dont nos cônes rétiniens sont les premières victimes. S'il y a des snobs pour afficher des Picasso (originaux ou copies) dans leur salon, c'est tout simplement qu'ils passent la plupart de leur temps ailleurs.

Chers sexistes – voyez comme je suis polie –, s'il vous plaît, changez d'exemple. Rangez Picasso dans le local à poubelles d'où ses tableaux n'auraient jamais du sortir et citez en exemples Leonard de Vinci (1452-1517), Vermeer de Delft (1632-1675), ou même William Bouguereau (1825-1905), tiens. Votre argument y gagnera beaucoup en crédibilité.

À noter que les racistes usent exactement du même sophisme éculé. Eux aussi disent :

> « Pourquoi il n'y a jamais eu de Beethoven, de Mozart, de Tolstoï ou de Picasso noirs ? »

Sauf que pas de chance, les traits de Beethoven étaient « négroïdes » est sa peau sombre ; information peu connue qui nous permet de rayer Beethoven de la liste des visages pâles.

Immédiatement, les racistes protestent : peut-être que Beethoven avait seulement *l'air* noir, sans *être* noir... Comme le noir est une couleur, cette objection tombe à plat ventre sur du ciment : une tomate peut-elle avoir *l'air* rouge sans *être* rouge ?

À cette question, les racistes répliquent que ce qu'ils veulent dire par là, c'est que Beethoven n'avait peut-être pas d'ancêtres africains.

Les voilà tout d'un coup hyper-scrupuleux, hyper-tatillons, eux qui ne cherchent jamais de pucerons (blancs) dans l'arbre généalogique d'un sans-papiers ou d'un délinquant avant de le traiter de « sale nègre » ou de « sale arabe »...

En fin de compte, nous sommes libres de leur retourner la question :

« Pourquoi est-ce qu'il n'y a jamais eu de Beethoven blanc ? »

Non, mais c'est vrai, pourquoi ?

Ne croyez pas que je me sois éloignée du sexisme. Parler du racisme, c'est parler du sexisme, et vice-versa : au fond, il s'agit de la même psychopathologie, orgueilleuse folie que n'excuse pas l'ivresse.

Troisième idée fausse

Troisième argument sexiste (en réalité c'est le même, pris sous angle légèrement différent) : les femmes seraient inférieures parce qu'elles n'auraient rien découvert.

> « Regardez les grands scientifiques : tous des hommes ou presque ! Les femmes n'ont rien inventé. Elles ne savent qu'imiter. »

Admettons qu'il y ait plus de grands scientifiques et de grands inventeurs parmi les hommes. Qu'est-ce que ça prouve, exactement ?

Si on veut comparer, il faut comparer ce qui est comparable. Alors, commençons par mettre d'un côté des femmes toutes seules, des femmes qui n'ont pas reçu l'aide d'un homme, et de l'autre côté des hommes tout seuls, des hommes qui n'ont pas reçu l'aide d'une femme, et puis ensuite et ensuite seulement, comparons.

Problème : l'écrasante majorité de ces hommes admirables, de ces génies, ont bénéficié des petits soins d'une épouse dévouée. Comment déterminer où commence et où s'arrête la part qu'ils doivent à leur femme ? Comment soustraire de l'équation ses conseils, son écoute, son admiration, son bon sens, son dévouement, tout ce travail minutieux et invisible de l'amour qui permet au génie de s'épanouir et de prendre son essor ?

Les grands hommes qui n'ont pas été soutenus dans l'ombre par une femme sont extrêmement rares. Pour un Nicolas Tesla (1856-1953), qui est resté toute sa vie célibataire, il y a mille hommes comme Auguste Rodin (1840-1917), qui a eu non seulement une Rose – sa fidèle maîtresse qui veillait sur ses sculptures, humidifiait l'argile, etc. –, mais aussi une Camille Claudel – disciple inspirée et génie à son compte à qui il a piqué quelques idées et statues – ainsi que beaucoup d'autres, plus éphémères...

Pour un Napoleon Hill (1883-1970), qui a souffert du manque de foi de sa femme pas vraiment visionnaire, combien d'hommes comme Dale Carnegie (1888-1955), soutenu par une épouse dévouée et hyper-compréhensive ?

Dorothy Carnegie (1913-1998) est d'ailleurs l'auteure d'un livre au titre révélateur, *Comment aider son mari à réussir dans la vie.* C'est de manière tout à fait conscience et délibérée qu'elle soutenait son mari dans ses projets. Elle prit d'ailleurs brillamment sa relève après sa mort, et fit de son organisation un empire.

Et combien d'hommes comme Samuel Beckett (1906-1989) ? C'est sa femme qui croyait à son génie, lui était miné par le doute. Sans elle, ses livres n'auraient jamais été publiés. (Il n'est pas certain que ça aurait été une grande perte, mais c'est un autre sujet.)

Je ne dis pas ça pour pleurnicher sur l'injustice du sort.

Pour ma part, je trouve naturel et normal qu'une femme cherche à faciliter la vie de son mari. Mais comme il est infiniment plus rare qu'un homme se donne pour mission principale de faciliter la vie de sa femme, il est assez logique que les hommes réussissent mieux, d'une manière générale : ils bénéficient 24h sur 24 ou presque d'une aide personnalisée ! Il est évident que deux personnes agissant en synergie accompliront plus de travail qu'une seule, surtout si l'une d'elles cherche par tous les moyens à aider l'autre à réaliser ses objectifs.

Et là, je ne parle même pas du rôle souvent décisif joué par les mères. Combien de grands hommes reconnaissent volontiers qu'ils doivent tout, ou une grande partie de ce tout, à leur maman ?

Comparer les réalisations des hommes et celles des femmes, c'est en réalité comparer les réalisations d'hommes soutenus par leurs femmes à celle de femmes qui (dans la plupart des cas) n'ont pas bénéficié du même genre de soutien constant et inconditionnel, ou qui ont choisi mettre leurs ambitions personnelles entre parenthèses pour se consacrer à leur mari et enfants.

Les sexistes qui s'amusent à comparer réussites masculines et féminines passent cette dimension pourtant essentielle du problème complètement à la trappe. Pour eux, s'il n'y a qu'un nom sur la couverture, c'est forcément que l'auteur a écrit le livre tout seul. Ils ignorent apparemment que derrière toute réussite spectaculaire il y a au moins un, souvent une, bénévole de l'ombre. Un grand homme cache presque toujours une grande femme, et bien souvent, il en cache deux : son épouse et sa maman.

Oh et puis, tiens, au passage, j'aimerais faire un sort à une petite phrase exaspérante qu'on retrouve un peu partout. La voici :

> « Grâce aux progrès, les femmes ne sont plus coincées chez elles à faire la vaisselle. Vous devriez dire merci... »

Merci à qui ?

Il est sous-entendu que c'est aux hommes que les femmes devraient dire merci.

N'est-ce pas eux qui nous ont gracieusement dotés du lave-vaisselle et du lave-linge, sans parler du réfrigérateur, dit frigo, du tire-bouchon polychrome et de l'aspirateur atomique ?

Et bien justement, non.

Disons merci, ok – mais aux bonnes personnes.

Merci à Margaret Knight (1838-1914), qui a inventé les sacs en papier en 1870.

Merci à Joséphine Cochrane (1839-1913), qui a inventé le lave-vaisselle en 1887. Elle se serait exclamée : « Si personne ne veut inventer de machine à laver la vaisselle, je le ferai moi-même ! »

Merci à Margaret A. Wilcox, qui a inventé un lave-linge en 1893.

Merci à Florence Parpart, qui a inventé le réfrigérateur électrique moderne en 1914.

Merci à Marion Donovan (1917-1998), qui a inventé les couches jetables en 1947. Elle a aussi inventé la boîte de mouchoirs et d'autres objets utiles.

Merci à Maria Beasley (on ignore ses dates de naissance et de mort), qui a inventé les canots de sauvetage. L'arrogant capitaine du *Titanic* a pensé qu'ils étaient superflus ; il s'est mortellement trompé.

Les femmes inventeurs, ou inventrices, sont bien plus nombreuses que les hommes sexistes ne le supposent, et bien plus nombreuse que n'importe qui ne le suppose.

Certaines font sauter la dichotomie misogyne, ce pseudo-principe selon lequel « belle ou Intelligente, il faut choisir ».

Hedy Lamarr (1914-2000) était une star du cinéma d'une beauté angélique. Agatha Christie a dit d'elle qu'elle était resplendissante à faire tomber en défaillance les hommes les plus forts, mais si vous ne la croyez pas, vous pouvez vérifier, sa photo est sur le Net. Hedy Lamarr, belle à couper le souffle, a inventé un système secret de communication destiné aux torpilles radio-guidées. Ce système permet au système émetteur-récepteur de la torpille de changer de fréquence, rendant quasiment impossible la détection de l'attaque sous-marine par l'ennemi. Il s'agit d'un principe de transmission qui est toujours utilisé de nos jours, pour les GPS par exemple.

Du sexisme comme hypnose

Vous vous demandez peut-être si ça vaut vraiment la peine de s'attaquer ainsi l'une après l'autre aux inepties sexistes qui traînent. Après tout, que sont-elles, sinon les résidus moisis d'une époque révolue ?

Eh bien, je pense que oui, ça vaut la peine, car d'une part, il n'est pas absolument certain que cette époque soit révolue, et d'autre part, le sexisme qui survit par-ci par-là a des effets assez désastreux pour qu'on s'en soucie. Et là, je ne parle même pas des violences faites aux femmes ni des inégalités de salaire.

Le sexisme, comme le racisme, est comparable à un programme d'hypnose.

Ceux qui se relaxent et se détendent en écoutant un tel programme finissent par y croire. Idem pour celles qui se retrouvent dans l'obligation de l'écouter régulièrement : elles aussi finissent par y croire. La répétition, disait très justement Napoléon, est la meilleure figure de rhétorique.

Or que se passe-t-il quand on se met à croire à des idées sexistes ?

On perd une bonne partie de son intelligence.

Pour comprendre comment et pourquoi, commençons par nous mettre à la place d'un *raciste*.

Comment devient-on raciste ?

Ça ne demande aucun effort particulier. On se laisse persuader par des discours flatteurs qu'on appartient à la crème de la crème de l'humanité, et que, par un séduisant contraste, les gens qui n'ont pas la même couleur que nous représentent, eux, la lie de l'humanité. À partir de maintenant, on ne sera plus jamais le pire des crétins ou le dernier des minables, puisque même au fond du trou on pourra regarder de haut tous ces vils noirs, jaunes, blanc mat, etc.

Convaincus que notre couleur suffit amplement à garantir

notre supériorité morale et intellectuelle, nous nous croyons déjà arrivés au sommet de la montagne. Chaque fois que nous baissons les yeux, nous voyons, ou plutôt nous croyons voir, des pygmées minuscules : ce sont les hommes et les femmes noirs (jaunes, blanc mat, etc.), que nous méprisons de bon cœur et dont la vision nous rassure... Oui, nous sommes bien cet être supérieur que la Nature a béni, oui, nous sommes bien le fleuron de la création et sa couronne ! Dans ces conditions, pourquoi ferions-nous l'effort de monter encore plus haut, je vous le demande ? Ce serait un comportement suicidaire, comme celui d'Icare... À trop s'approcher du soleil, on risque fort de se brûler les ailes.

Et voilà comment le racisme rend à la fois paresseux et crétin.

D'une manière similaire, l'homme sexiste est diplômé de l'université *Les-Femmes-Sont-Pires*. Pour se rassurer sur sa valeur intellectuelle et morale, il suffit qu'il baisse les yeux. Là-bas, au niveau de la mer, sur le plancher des vaches, des petites fourmis dérisoires triment à de méprisables corvées ménagères et familiales, torchant des fesses et nettoyant des cuvettes de w.c., tandis que Lui tutoie les cimes et trône parmi les nuages en faisant de la philosophie accoudé au comptoir du bistrot.

Comme le raciste, le sexiste garde toujours, quels que soient le nombre de ses échecs, la certitude réconfortante de ne pas être le dernier des minables : après lui, il y a encore *toutes les femmes*... soit beaucoup plus de trois milliards de personnes. Ça fait du bien !

C'est ainsi que raciste et sexiste reposent leur tête sur des lauriers imaginaires : l'orgueil qui découle de leur supériorité supposée leur engourdit les neurones ; ils se croient trop géniaux pour chercher à le devenir.

Mais le racisme et le sexisme sont aussi abrutissants pour ceux et celles qui en sont victimes. Un(e) noir(e) qui se voit un peu trop souvent dans le miroir déformant et avilissant de regards racistes finit par douter de lui-même. Une femme blanche peut elle aussi se laisser convaincre par un parent ou un conjoint sexiste qu'elle est un être déficient, congénitalement et intellectuellement inférieur.

J'ai déjà rencontré des femmes de ce genre.

Elles sont tristes, inhibées, ternes comme des ampoules grillées. Parce qu'elles se croient bêtes, elles s'empêchent inconsciemment de manifester toute l'étendue de leurs facultés. À force de croire à la fiction sexiste d'une infériorité féminine, elles deviennent la preuve vivante, ou plutôt survivante, que cette infériorité n'est pas qu'un mythe.

Certaines femmes se rendent chez un hypnothérapeute pour améliorer leur vie. Leur hypnothérapeute, qui veut leur plus grand bien, les plonge en transe et les persuade qu'elles sont séduisantes, intelligentes, volontaires, riches, etc. Sous l'influence de ces nouvelles convictions, elles vont dans le vaste monde, ou restent tranquillement chez elles, et dans les deux cas vivent heureuses.

D'autres femmes rencontrent en leur père, frère, petit ami ou conjoint, un hypnotiseur malsain et retors qui veut leur plus grand mal. Cet hypnotiseur les plonge en transe et les persuade qu'elles sont stupides. Nullissimes. Sous l'influence de cette nouvelle conviction, elles se recroquevillent dans un coin et *subissent*.

Quand on prend les autres pour des imbéciles, on devient soi-même un imbécile. Quand on se prend soi-même pour une imbécile, on en devient une aussi. Il n'y a donc aucun gagnant : qu'on appartienne au sexe dit fort ou au sexe dit faible, qu'on soit « bénéficiaire » ou victime du sexisme, cette idéologie abrutit.

Stoppons-la.

Et stoppons le racisme par la même occasion, si nous pouvons.

Quatrième idée fausse

Autre cliché sexiste : quand une femme aime un homme, c'est son argent qu'elle aime...

> « Une femme est très courageuse dès qu'il s'agit d'argent :toutes des p... »

Que certaines femmes jeunes et jolies pensent qu'elles auraient tort de gaspiller ce qu'elles considèrent comme un beau capital avec un jeune homme pauvre et préfèrent se concentrer sur les riches, ou sur un riche, est un fait difficilement contestable.

Mais ceux qui crachent par exemple leur venin sur Laetitia, la femme de Johnny Hallyday, et traitent au passage toutes les femmes de viles prostituées obsédées par l'argent ne sont-ils pas eux-mêmes attirés par des femmes aux atouts purement physiques ?

En quoi est-il plus noble, moins matérialiste, de chercher une blonde à forte poitrine que de chercher un homme riche et généreux ?

Les deux ambitions se valent. Un homme qui ne cherche en une femme que des kilos (pas trop) de viande lisse et rose et une femme qui ne cherche en un homme que des carats de diamants, des rations de caviar et des litres de champagne sont, en fin de compte, de la même espèce terre-à-terre, du même genre trivial et un tantinet cynique.

Mais, me direz-vous peut-être, pourquoi jugez-vous si mal ceux qui reprochent aux femmes de ne penser qu'à l'argent ? Ce sont peut-être des idéalistes...

Je n'y crois pas une seconde.

Les femmes laides, obèses et verruqueuses rêvent peut-être d'épouser un prince charmant doré sur tranche, mais comme elles n'ont rien pour séduire les richards, elles sont bien obligées de rediriger leurs ambitions vers d'autres buts. Ceux qui reprochent aux femmes de ne penser qu'à l'argent reprochent en réalité aux *jolies femmes* de ne penser qu'à l'argent : les autres, ils s'en fichent.

Et s'ils le leur reprochent avec tant indignation, c'est que ces belles plantes et ces jolies poupées en question, ils les voudraient *pour eux-mêmes*.

Vous dites que je les calomnie ?

Expliquez-moi alors pourquoi ils confondent les jolies filles qui papillonnent dans l'orbite des riches avec « les femmes » dans leur ensemble ? Ils ne savent pas qu'il y a aussi des bonnes sœurs ? Des musulmanes voilées ? Des sentimentales un peu fleur bleue ? Des mystiques ? Des idéalistes ? Des intellectuelles ? Des mères de famille nombreuse ? Des petites mamies dévouées à leurs petits enfants ? Des bosseuses qui ont tout sacrifié à leur carrière ? Des lesbiennes ? Des féministes ? Des scientifiques et des artistes ? Des divorcées qui ne voudraient pour rien au monde se remarier, compte tenu de tout ce qu'elles ont souffert avec leur ex-mari ?

Si toutes ces femmes comptent pour du beurre à leurs yeux, c'est qu'ils ne voient que ce qui les intéresse, comme le renard qui salivait en regardant une grappe de raisin bien mûr dans une fable de La Fontaine.

Ils aimeraient être assez riches pour attirer à eux les jolies créatures que le luxe aimante, et comme ils ne le sont pas, comme ils sont trop pauvres pour leur plaire, ils sont aussi furieux et amers que des amoureux éconduits. Eux *aussi* voudraient profiter de toutes les bonnes choses que l'argent permet de s'offrir... à commencer par les jolies femmes !

Leur posture moralisatrice n'a donc rien de moral, c'est le discours dédaigneux et cathartique, consolateur et hypocrite, que se tient le renard quand il s'aperçoit que les raisins lui sont inaccessibles : « Ces raisins sont trop verts... »

D'une façon comparable, les hommes sexistes se consolent de ne pas pouvoir mettre la patte sur les fruits juteux qu'ils convoitent en disant : « Toutes les femmes sont des p... »

Si un de ces hommes qui méprise les femmes vénales gagnait l'Euromillion, il changerait immédiatement de point de vue sur les femmes en question, qu'il trouverait soudain très avisées de le trouver soudain si séduisant. Il se ficherait alors bien de savoir si elles l'aiment pour lui-même ou pour son argent, ou plutôt, il se raconterait que c'est pour son charisme, tout en sachant pertinemment que c'est pour quelque chose de nettement plus quantifiable, et cette dualité ne lui poserait aucun problème, car il aurait enfin ce qu'il désirait depuis le début : de la jolie chair fraîche.

Cinquième idée fausse

De l'idée que la femme est intellectuellement inférieure à l'homme, on arrive tout naturellement à l'idée qu'elle est d'une espèce différente. C'est le point de vue d'Alain Soral, l'auteur de *Texticules* :

> « Sous le règne d'une gauche réduite à l'art de la diversion, il n'est pas déraisonnable de penser que Clémentine Autain devienne un jour ministre (Pourquoi pas ministre des Jeunes Filles libérées des tâches domestiques ?) Il ne restera plus alors, pour achever d'ôter tout sérieux à la politique, qu'à nommer, au ministère des animaux domestiques, un caniche. »

La femme, et plus précisément la féministe, serait donc plus proche de l'animal, et plus précisément du caniche, que de l'homme.

Ce n'est pas très gentil, mais... soit. Admettons.

– Comment ça, admettons ?!

– Admettons pour mieux répondre.

Si la femme et l'homme appartiennent à deux espèces différentes, comment se fait-il qu'ils *puissent* non seulement se reproduire, mais qu'ils n'aient pas *d'autre moyen* de se reproduire ?

Prenez le chat et le lion. Un chat est, à bien des égards, inférieur à un lion : il a moins de force, moins de taille, moins de griffe, moins de croc. Cette infériorité confirme ce qui saute aux yeux dès le premier coup d'œil : chat et lion appartiennent à deux espèces différentes. En tant que tels, ils ne vivent pas au même endroit et ne peuvent pas se reproduire entre eux.

À la différence des chats et des lions, les femmes et les hommes ont toujours cohabité. Et malgré la supériorité incontestable du sexe fort sur le sexe faible (incontestable dans la perspective sexiste), les hommes n'ont jamais trouvé le moyen de se reproduire sans elles ! Ils ont toujours eu besoin des femmes.

Même aujourd'hui, avec la Procréation Médicalement Assistée, ils ne peuvent se passer d'elles.

Troublant, non ?

Ce qui est peut-être encore plus troublant, c'est la ressemblance physique tout de même assez frappante que l'on constate entre les hommes et les femmes. Il y a bien sûr des différences, mais rien qui permette de dire que les femmes appartiennent à une espèce différente. Ainsi quand une femme s'habille en homme, elle peut passer pour un, et quand un homme est habillé comme une femme, il peut souvent réussir à passer pour une. Prenez Michelle Obama : presque personne ne se doute que sous ses jolies tenues et son maquillage se cache un homme aux formes athlétiques. Eh oui, Michelle s'appelle en réalité Michael... mais ce n'est pas le sujet, alors passons sans nous arrêter.

Et ce n'est pas tout.

Si les femmes appartiennent à une espèce différente, comment se fait-il que :

1/ Les femmes ont des fils ;

2/ Les hommes ont des filles ?

Les chiens ne font pas des chats, il me semble. Les lions ne font pas des chats.

En se prétendant supérieurs aux femmes, les sexistes font preuve de la plus noire ingratitude vis-à-vis de leurs mamans, et du plus insupportable dédain vis-à-vis de leur propre progéniture. S'ils sont tellement supérieurs aux femmes, comment se fait-ils qu'ils sont eux-mêmes leurs fils et leurs pères ? La souris accouche-t-elle d'une montagne ? La montagne accouche-t-elle d'une souris ? Jupiter tonnant engendre-t-il des pisseuses ? Avec ou sans péridurale, un caniche femelle pourrait-il donner naissance à Beethoven, Mozart, Tolstoï ou Picasso ?

Bref, vous avez compris l'objection : la prétention et l'arrogance des sexistes se heurte de plein fouet à la réalité biologique. Hommes et femmes, nous sommes tous issus les uns des autres, les unes des autres. Si l'Homme était réellement supérieur à la Femme, il naîtrait sans maman et n'aurait que des fistons ; sa devise serait *ni mère, ni fille*.

Sixième idée fausse

Avez-vous remarqué que personne, je dis bien personne, ne se fatigue à prouver l'infériorité intellectuelle des personnes victimes du syndrome de Dawn ?

Pourquoi ?

Parce que cette infériorité est malheureusement évidente. Chercher à prouver que les victime de Dawn sont moins intelligentes que les personnes qui ne souffrent pas de cette maladie serait aussi vain que prouver qu'une pomme verte est de couleur verte. Ça ne présenterait aucun intérêt à la fois parce que c'est totalement évident et parce que personne ne songe à nier ce fait.

Mais les sexistes sont, eux, prêts à consentir beaucoup d'efforts pour prouver que les femmes leur sont inférieures.

Pourquoi ?

Parce que c'est loin d'être évident. Et comme une infériorité intellectuelle n'est pas quelque chose que l'on puisse cacher (quand on est vraiment limité, on est aussi trop limité pour cacher qu'on est limité), si cette infériorité intellectuelle n'est pas évidente, si elle est problématique, c'est qu'elle n'est tout bonnement qu'une fiction.

C'est un peu – je me permets cette comparaison légèrement osée – comme le discours qui présente la dépression comme une « vraie maladie ».

La peste est une vraie maladie. Le choléra est une vraie maladie. Aussi n'y a-t-il jamais eu de campagne publicitaire visant à nous convaincre que « le choléra est une vraie maladie : faites confiance à votre médecin ! » ni que : « la peste est une vraie maladie biologique : faites-vous soigner ! » La vérité n'a pas besoin de ce genre d'artifice ; elle se suffit à lui-même.

La dépression, autrement dit la tristesse et le malheur, n'est pas une vraie maladie, et c'est précisément pour cela que, pour arriver à nous persuader que ça en est une, les idéologues nous assènent leur propagande par tous les moyens.

De même, les femmes ne sont pas inférieures aux hommes, et c'est pour cela que les sexistes ont besoin de rassembler tout l'arsenal de leur rhétorique pour avoir une petite chance de nous persuader qu'elles le sont.

À noter que le sexisme, tout comme le racisme, est obscurantiste. Cette idéologie présuppose en effet que l'éducation, les efforts personnels pour s'améliorer, sont vains.

D'après cette théorie, une femme, même extrêmement cultivée, sera toujours inférieure à un homme, même analphabète, même drogué aux programmes télévisés et au vin rouge. De même, un noir, même surdiplômé, serait toujours inférieur à un blanc, même si celui-ci n'a jamais réussi à obtenir le BEPC et nourrit exclusivement son intellect des blagues grasses que ses copains lui racontent au bistrot du coin.

Bien sûr, sexistes et racistes ne présenteront jamais les choses ainsi... mais c'est bien ce que leurs théories sous-entendent. C'est bien ce qu'elles impliquent.

C'est la même idiotie qui dictait le préjugé nobiliaire avant que la tête de Louis XVI ne roule dans le panier. Pendant des siècles, les nobles se sont crus supérieurs à tous ceux qui ne l'étaient pas, nobles, simplement parce qu'ils avaient le bon sang, les bons ancêtres. Peut-on trouver plus stupide qu'un préjugé pareil ?

À l'époque où j'étais étudiante de lettres modernes, j'ai lu (dans le cadre de ma thèse) un petit livre écrit au XVIIe siècle et intitulé *De la supériorité de la noblesse*. Bien sûr, l'auteur était noble lui-même. J'ai oublié son nom, et la postérité aussi, vous allez tout de suite comprendre pourquoi.

Pour expliquer à ses lecteurs que même les dégâts commis par les nobles dans les récoltes, quand ils les piétinent pour s'amuser, sont en quelque sorte admirables, cet auteur avait recours à un argument surréaliste : oui, ils abîment, ils détruisent, mais c'est comme la grêle, qui tombe du ciel. En d'autres termes, même les dégâts qu'ils causent ont quelque chose de divin, puisqu'ils sont divins eux-mêmes !

Voilà à quelles bêtises on en arrive quand on se croit sorti de la cuisse de Jupiter...

Dans la préface de son ouvrage, ce Monsieur avertissait solennellement ses lecteurs avec un humour involontaire : malheur à celui qui lui ferait l'affront de ne pas aimer son ouvrage, car il lui en cuirait ! Il se proposait, pas moins, de l'embrocher de son épée... Autrement dit, « aimez mon livre, ou je vous tue en duel ! »

Vous ne voyez pas le rapport avec le sexisme ?

Il y en a un, pourtant. C'est toujours la même stupidité qui renaît de ses cendres, repoussant inlassablement telle une queue de lézard. Un coup les nobles, un coup les blancs, un coup les hommes... c'est toujours le même sot préjugé. D'après cette illusion débilissime, certains naîtraient non seulement avec une cuillère en argent dans la bouche, mais avec un diplôme d'omnicompétence, d'omniscience et d'héroïsme entre les fesses.

La vérité est nettement plus simple, plus belle et plus rude.

Nous sommes nos choix.

Personne ne choisit de naître noble ou cul-terreux, homme ou femme, blanc ou noir. C'est pourquoi toutes ces caractéristiques ne définissent que l'écorce la plus superficielle de notre être. L'essence de qui nous sommes est déterminée par *ce que nous choisissons*, rien de plus et rien de moins.

Nos pensées, nos paroles, nos actes : voilà les trois facettes de notre liberté, et c'est elle qui fait de nous qui nous sommes.

Alors, s'il vous plaît, ne vous laissez pas séduire par les discours des sexistes, des racistes et des partisans de l'ancien régime. Toute leur rhétorique ne pourra jamais sauver leurs sophismes de la ruine. Ces sophismes s'effondreront un jour ou l'autre comme des châteaux de cartes, si ce n'est pas déjà fait : tout comme le préjugé aristocratique a péri, les préjugés racistes et sexistes sont voués à l'extinction et pour ma part, je ferai tout pour que celle-ci soit rapide et sans douleur, je vous le dis tout crû.

L'humanité n'a que trop longtemps souffert des mensonges que certains inventent à leur bénéfice et au détriment des autres. Arrêtons de croire que nous (quel que soit ce *nous*) sommes venus sur terre avec un certificat d'intelligence ou de bonne conduite. Arrêtons de croire que tout l'immense reste de l'Humanité (*pas nous*) est condamné à végéter dans la médiocrité et l'échec simplement parce que *ces gens* ne sont pas de la même couleur, sexe ou origine que nous. Sortons de l'enfance intellectuelle. Non, il n'y a rien de beau, rien de pur, rien de grand dans l'idéologie sexiste et raciste. Et les brahmanes qui se croient d'une essence supérieure aux intouchables ne sont que de sales prétentieux, des arrogants de première classe. Ils se croient purs alors que l'orgueil qui leur rouille le cœur les souille jusqu'au trognon.

Bref.

Il est temps d'en venir au sixième préjugé : les blondes seraient des crétines.

Inutile d'illustrer ce lieu commun, trop commun, je suis sûre qu'il vous est familier.

Parce que ce leitmotiv sert de matière première à d'innombrables blagues et galéjades, on ne se rend pas compte qu'il est raciste. Et sexiste. Bien sûr, la couleur des cheveux n'est pas plus corrélée à l'intelligence que la couleur de la peau. Alors d'où vient cette croyance ?

Je pense que les différents rôles que Marylin Monroe a incarnés au cinéma y sont pour quelque chose. La pauvre était abonnée à des rôles humiliants de pauvre niaise. Sa blondeur et sa beauté se sont ainsi trouvées associées à une stupidité fictive née de mâles cerveaux hollywoodiens.

Les blondes ne sont pas plus stupides que les blonds, que les brunes, et que les bruns, mais pour certains hommes à l'imaginaire perverti, le désir est rehaussé par le mépris comme une paella par du safran. Les scénaristes qui ont écrit pour Marylin Monroe ses rôles avaient certainement pour fantasme *la blonde idiote*, archétype aussi mythique, aussi déconnecté du réel, que *Merlin l'enchanteur* ou *les Sept Nains*. Et c'est ainsi que ce fantasme, qui n'aurait jamais dû sortir du lieu tout mental où il mijotait, a pris de l'ampleur et de l'épaisseur jusqu'à passer aujourd'hui pour une espèce de fait, ou du moins pour le thème acceptable et accepté de plaisanteries sans nombre.

Certains lecteurs diront peut-être « je ne vois pas où est le mal… c'est de l'humour ! Vous êtes blonde, ou quoi ?... », mais non, ce n'est pas de l'humour, ou plutôt c'est le même genre d'humour consternant que celui qui prend pour cible les narines des noirs et les nez des juifs. Aucun génocide n'a jamais visé les blondes, ok, mais qui vous dit qu'elles ne sont pas spécialement ciblées par les violeurs et les tueurs en série ?... Eux aussi vont au cinéma. Eux aussi regardent la télé.

Eux aussi plaisantent.

Septième idée fausse

Nous arrivons à la septime et dernière idée fausse. (Bien sûr, il y en a d'autres. Ce livre ne prétend pas à l'exhaustivité.)

Les femmes seraient moins douées pour l'écriture, et plus particulièrement pour l'écriture romanesque, que les hommes :

> « Faisant un état des lieux de la littérature de manière générale, il semble indéniable que les hommes aient écrit plus abondamment que les femmes. Cette disproportion serait-elle la conséquence seule d'une moindre capacité dont disposeraient les femmes, par rapport au sexe dit fort, à s'adonner à l'écriture ? [...] les femmes tendraient à pénétrer des territoires jusque alors places-fortes de l'homme, qu'elles tendent à conquérir, élargissant leur palette, jusqu'à ce qu'il ne reste finalement bientôt plus aucun domaine apanage strict de l'homme. Il apparaît donc que, si jusque-là elles n'avaient pu encore revendiquer une quelconque primauté dans ce champ particulier, il n'y avait probablement plus très loin à ce que des romancières conquièrent aussi ce vaste territoire qui pour l'instant n'avait pas encore acquis à leurs cœurs ses lettres de noblesse, – plus préoccupées qu'elles seraient, pour l'instant, à concentrer leurs efforts sur des espaces plus visibles et illustres que seraient, par exemple, les professions libérales (jusqu'à il y à peine quelques décennies – il ne faut pas l'oublier ! – difficilement accessible à leur genre). Il y a fort à parier que quand elles auront complètement investis ces anciens prés carrés, alors certainement les verront nous aussi surpasser les hommes dans leur champ jusque-là encore préservé, et montrer, également là, dans ce domaine de réalisation [l'écriture romanesque], une certaine prééminence. »

Nous avons ici affaire à un sexisme débordant de bienveillance et de paternalisme. Le propos, trop confus et diffus pour que je le cite en entier, peut être résumé comme suit : les femmes ont moins écrit de romans que les hommes, ce qui prouve qu'elles sont moins douées dans ce domaine, mais elles ont des excuses : au cours des siècles précédents elles n'avaient pas le temps de se consacrer à l'écriture, occupées qu'elle étaient à trimer comme des esclaves pour leur seigneur et maître de mari. Elles n'avaient pas non plus assez d'expérience de la vie pour faire de bonnes romancières, enfermées qu'elles étaient dans leur cuisine. Bientôt, elles rattraperont leurs collègues masculins.

Vous ne serez pas étonné d'apprendre que l'auteur de ce raisonnement est un… romancier.

Reprenons son propos.

Se demander comme il le fait *Les femmes seraient-elles moins douées que les hommes pour écrire des romans ?*, c'est s'interroger sur la qualité. Souligner que, dans le passé, il y a eu plus de romanciers que de romancières, c'est parler en revanche de la quantité.

Qualité et quantité n'étant pas interchangeables, on ne peut déduire d'une infériorité quantitative une infériorité qualitative : une petite quantité de diamants vaut plus qu'une grande quantité de pommes. Trois minces chefs-d'œuvre valent plus que toute une bibliothèque de romans pansus, si ceux-ci sont nuls.

Avant le vingtième siècle, les romanciers étaient plus nombreux que les romancières, c'est incontestable, mais ce fait quantitatif ne prouve absolument pas que celles qui écrivaient étaient moins douées qu'eux pour ce genre littéraire.

D'autre part, rappelons que de nos jours, il y a autant de romancières que de romanciers. Sur le terrain de la quantité, les femmes ont rattrapé les hommes depuis belle lurette, ce que le romancier sexiste que nous avons cité semble ignorer, ou feint d'ignorer, ce qui ne fait pas honneur à sa culture générale ou à sa bonne foi. Affirmer que les femmes *vont* se lancer dans l'écriture romanesque, c'est avoir plus d'un siècle de retard et des œillères.

Mais parlons un peu du passé.

Au XIXe siècle, en France, il n'y avait quasiment qu'une romancière... mais quelle romancière ! Par le nombre et surtout la qualité de ses romans, George Sand égale ou surpasse (à mon avis comme à celui de ses contemporains) la plupart de ses collègues et amis masculins pris en bloc. Ce n'est pas pour rien que Victor Hugo l'admirait tant, alors que la réciproque n'était pas vraie : George Sand trouvait le style du père Hugo quelque peu pompeux et sa personnalité un tantinet agaçante.

Dans la balance impartiale d'une justice littéraire, les romans de George Sand pèsent plus lourd que ceux de Victor Hugo ou de Gustave Flaubert, qui, soit dit au passage, était un ami de Sand.

Vous avez le droit de ne pas être d'accord, bien sûr. *Des goûts et des couleurs…*

Mais dites-moi, vous qui pensez que Flaubert et Hugo sont plus brillants et plus doués que Sand, lisez-vous *Madame Bovary* ou *Les travailleurs de la mer* avant de vous endormir, pour le plaisir ? Je parie que non. Moi, ça fait plus de vingt ans que je lis, relis, et re-relis les romans de George Sand, y trouvant un bonheur de lecture que je cherche en vain ailleurs. Donc si vous trouvez Flaubert et Hugo géniaux, c'est beaucoup moins parce que vous, personnellement, les jugez géniaux que parce que vous l'avez entendu dire autour de vous et qu'il y a un consensus sur ce point, alors que si je trouve Sand géniale c'est parce que, réellement, ses romans m'envoûtent et m'apaisent : préjugé contre expérience personnelle.

Les romancières des siècles passés sont pour la plupart des figures de tout premier plan, de femmes de lettres, d'esprit et de lumière. Madame de Clève, Madame de Staël, Fanny Burney, Jane Austen, Maria Hedgeworth, les sœurs Brontë, George Sand, Mary Webb, Elisabeth Von Arnim… Chacune de ces femmes a produit plusieurs chefs-d'oeuvre dont personne, de nos jours, ne songe à nier ou minimiser la valeur.

À part quelques grincheux, bien sûr.

Quelques années après la mort de George Sand, un misogyne dont j'ai oublié le nom affirma qu'elle devait sa renommée de romancière aux hommes qu'elle avait fréquentés : elle aurait en quelque sorte surfé sur une vague de génies mâles, et n'aurait aucun mérite si ce n'est emprunté. D'après ce critique, *Le gendre de Monsieur Poirier*, de Jules Sandeau, serait un chef-d'œuvre immortel qui restera longtemps dans les mémoires après que les œuvres complètes de George Sand ait sombré dans l'oubli… prédiction que le Temps a démentie comme il en dément bien d'autres. (*Le gendre de Monsieur Poirier* est une pièce de théâtre qui se lit avec plaisir, mais qui n'éclipse absolument pas les œuvres de Sand.)

Au XVIIe siècle, certains auteurs masculins prétendaient que les femmes étaient plus douées que les hommes pour les romans, genre tout d'imagination et de sensibilité en harmonie avec leur féminine nature, mais qu'elles étaient incapables de briller dans des genres plus sérieux – leurs genres à eux, comme par hasard...

Quant aux auteurs de romans, ils n'ont jamais soutenu l'idée que les femmes sont particulièrement douées pour les romans, et ce pour une raison bien simple : personne n'aime la concurrence.

Que, de nos jours, un romancier exprime des doutes sur la capacité des romancières, alors que rien ne permet plus d'en douter depuis longtemps, révèle que c'est toujours vrai : personne n'aime la concurrence.

Venons-en maintenant à l'idée que les femmes ont toujours été enfermées dans leur cuisine. Voici ce qu'en dit le romancier déjà cité :

> « De tous temps, à toutes les époques, le destin de la femme a été d'une certaine façon fixé à une fonction : demeurer à la maison, et affecter son temps et ses efforts à un seul et unique but, le soin et l'entretien du foyer dominical ; ce qui sous-entend bien entendu les enfants aussi dans une seule et unique perspective : le bien être de l'homme, le mâle puissant et généreux. On peut en déduire que, n'ayant pas d'alternatives, elle a du très tôt depuis l'aube de l'humanité jouer plusieurs rôles à la foi : gestionnaire, femme au foyer, épouse, mère, maîtresse, travailleuse infatigable – pas le choix –, en fait une véritable esclave corvéable à merci... »

Passons sur le fait que ce romancier se complaît dans les pléonasmes les plus platement pléonastiques[1], a de sérieuses lacunes en orthographe[2], en ponctuation[3] et en syntaxe[4], confond *dominical* et *familial,* bref, passons sur le fait qu'il ne sait pas écrire, ce qui suffit déjà à prouver qu'il ne suffit pas d'appartenir au sexe dit fort pour en être capable, et voyons ce qu'il dit.

Il dit que *toutes* les femmes ont, depuis l'aube de l'humanité, trimé comme des esclaves dans leur maison. Une telle affirmation

---

1 Je n'ai rien contre un petit pléonasme de temps en temps, mais là il exagère : *« De tous temps, à toutes les époque... à un seul et unique... le soin et l'entretien... très tôt depuis l'aube de l'humanité... gestionnaire, femme au foyer... »*
2 « À la foi » au lieu de « à la fois ». « a du » au lieu de « a dû ».
3 Il manque des virgules.
4 Les phrases sont mal fichues.

met en pleine lumière l'inquiétante inculture qui est devenue la norme de nos jours. Une ignorance si ignorante, qu'elle ne sait même pas qu'elle ignore.

George Sand ne faisait ni la cuisine, ni la vaisselle, ni le ménage. Lorsqu'elle faisait des confitures, c'était pour le fun : elle n'avait pas *besoin* de faire ses confitures elles-mêmes. Mais alors, *qui* s'occupait des tâches ménagères ?

Les domestiques, bien sûr. George Sand avait un personnel, une domesticité !

Il en va de même pour toutes[5] les femmes qui ont écrit avant le vingtième siècle.

Marie de Gournay (1565-1645), la fille d'alliance de Montaigne, était une femme de lettres qui n'a jamais connu la prospérité. Très pauvre, elle n'en avait pas moins une bonne à plein temps.

Même Agatha Christie (1890-1976) avait une bonne pour s'occuper de la maison et une nounou pour s'occuper de sa fille unique, et ce, à une époque où elle n'était pas encore riche et célèbre. Elle n'avait pas les moyens de partir en vacances, mais elle n'en avait pas moins une aide ménagère présente à domicile 24h sur 24[6]. Au début du vingtième siècle, c'était la norme. Un film de 1954 s'intitule encore *Papa, maman, la bonne et moi* : la bonne en question vit chez ses patrons qui, pourtant, sont très loin d'être riches.

Le romancier se souvient vaguement que dans les années 50 et 60 une majorité de femmes se consacraient à leur foyer sans aide extérieure et en induit illico, sans autre forme de procès, qu'il en va de même pour toutes les femmes « depuis l'aube de l'humanité » !

Bêtise ou présomption ?

Nous souffrons tous de chronocentrisme, imaginant le passé en nous fiant au présent. On prend une femme moderne, on lui ajoute une robe à crinoline et des bouclettes à l'anglaise, on lui enlève son boulot, ses idées féministes, sa machine à laver et son frigo, et on croit obtenir ainsi un portrait parfaitement ressemblant d'une femme du XIXe siècle. Pire, on s'imagine que *toutes* les

---

5   Ou presque toutes. Il faudrait vérifier.
6   C'est ce qu'elle raconte dans son autobiographie.

femmes du XIXe siècle ressemblaient à ce portrait, ayant vécu à la même époque !

Non-sens.

Angelina Jolie et Conchita, femme de ménage portugaise travaillant de l'aube à la nuit dans de grands bureaux parisiens pour un salaire de misère, vivent toutes les deux au XXIe siècle : ont-elles le même genre de vie ?

À la jonction du XVIIIe et du XIXe siècle, il y avait un gouffre entre une femme du peuple et Madame de Staël (1766-1817), fille d'un banquier et épouse d'un baron : l'une consacrait sa vie à son foyer et à ses enfants, trimant en effet comme une esclave, l'autre consacrait sa vie à la littérature, à la philosophie, à la politique, et à des passions orageuses.

Ceux qui prétendent s'apitoyer sur le sort des femmes et, pour cela, peignent une image monochrome de leur sort, que ce soit dans le présent ou dans le passé, mentent. En leur cherchant des excuses pour une infériorité qui n'existe que dans leur imagination à eux, ils donnent à cette pseudo-infériorité un vernis de vraisemblance : non, merci.

Conclusion

Orgueil nobiliaire, racisme et sexisme sont trois branches du même arbre maléfique. Il faut déraciner cet arbre maudit en nous et hors de nous. Il faut tracer une ligne nette entre la condition sociale et le prestige d'une part, et la valeur intellectuelle et morale d'autre part. Non, le droit du plus fort n'est pas le meilleur.

En position dominante, il est facile d'oublier que cette seconde de pouvoir ne durera pas plus qu'un clignement d'étoile. Nous finirons tous au fond d'une tombe et là, les privilèges et les passe-droits n'auront plus cours. Et les forts qui auront abusé de leur force le regretteront.

Vous êtes un homme : respectez en toute femme le ventre qui vous a porté, la main qui vous a bercé, la bouche qui vous a embrassé et souri. Non, les femmes ne sont pas des caniches. Ce sont les mères, les femmes et les filles d'hommes comme vous. Respectez-les et soyez sympa avec elles, elles vous le rendront bien.

Vous êtes une femme : soyez digne. Soyez fière. Souvenez-vous de George Sand, Margaret Knight, Joséphine Cochrane, Margaret A. Wilcox, Florence Parpart, Marion Donovan, mais aussi Mary Shelley, Amelia Earhart, Marie Curie, Jeanne d'Arc, et toutes les autres.

Quand un pauvre macho se permet une blague sexiste, ne riez pas. La politesse a des bornes. La complaisance a des limites. Quand on franchit les frontières de la convivialité bon enfant et du vivre-paisiblement-ensemble, on entre dans le territoire de l'humiliation consentie et de la soumission humiliante. Alors avouez plutôt que vous trouvez sa blague « *vraiment pas drôle, désolée...* »

Rappelez au plaisantin que le sexisme est aussi minable que le racisme, aussi pathétique que la conviction qu'il faut avoir eu des ancêtres aux Croisades pour valoir quelque chose, aussi ridicule que l'arrogance des brahmanes. Si vous pouvez, faites-lui prendre conscience qu'on ne choisit pas plus son sexe que la couleur de sa peau ou ses parents, et que se moquer de quelqu'un pour quelque chose qu'il n'a pas choisi, c'est aussi bête que méchant. Aucun défaut n'est anodin, aucune faute n'est négligeable, et l'orgueil est peut-être la plus infecte de toutes.

Nous appartenons tous à la même Humanité, à la même famille. Femme ou homme, blanc ou noir, fils d'éboueur ou de premier ministre, nous valons ce que valent nos choix, ni plus, ni moins.

Vous avez aimé ce livre ?
Dites-le. Votre avis est important.

Merci d'avoir lu ce petit livre. Pouvez-vous lui mettre un commentaire sur le site d'amazon où vous l'avez acheté ?

Faites-le maintenant, cela vous prendra cinq minutes, pas davantage, et votre avis aura trois effets bénéfiques :

(1) Il permettra aux lecteurs potentiels qui se demandent si ce livre mérite d'être lu de prendre une décision éclairée ;

(2) Il nous permettra de vous préparer d'autres ouvrages de qualité, et éventuellement d'améliorer celui-ci.

Pour un éditeur comme pour un auteur (je suis les deux), les commentaires des lecteurs sont précieux. Je vous serai donc vraiment reconnaissante de mettre un commentaire à ce bouquin.

Merci encore pour votre confiance, et à bientôt dans un prochain ouvrage.

Lucia Canovi

lucia-canovi.com
Liberté • Vérité • Clarté

Des mots qui aident, guident, réconfortent, encouragent, éclairent, élèvent ou libèrent

Nos livres sont aux formats pdf, .mobi et epub., et nos programmes audios, au format mp3

Programmes audios.

http://programmezvotresubconscient.fr/100-confiance-en-soi

Écoutez tous les jours *100 % confiance en soi,* et au bout de 30 jours, vous aurez une inébranlable confiance en vous-même.

http://programmezvotresubconscient.fr/enfin-calme

Écoutez tous les jours *Enfin Calme* pour garder votre calme en toutes circonstances.

http://programmezvotresubconscient.fr/enfin-heureux

Écoutez tous les jours *Enfin Heureux* pour être heureux quoi qu'il arrive.

http://enfin-bilingue.fr/

Écoutez tous les jours *Enfin Bilingue* pour apprendre l'anglais avec rapidité, facilité et plaisir.

http://enfin-bilingue.fr/arabe

Écoutez tous les jours *Enfin Bilingue en arabe* pour apprendre l'arabe avec rapidité, facilité et plaisir.

Essais/Actualité

Réfléchissez ! Racisme, antisémitisme, quenelle et autres sujets sensibles, de Lucia Canovi

*Eckhart Tolle et l'idiocratie : découvrez la doctrine et les effets d'un grand maître spirituel,"*de Lucia Canovi

L'Islam au-delà des apparences, de Lucia Canovi

Conversations avec l'ennemi de Dieu : le mal au XXIe siècle, de Lucia Canovi

Le Lait du Mensonge : Fragments d'une parole sincère, de Lucia Canovi

Êtes-vous Charlie ?, de Lucia Canovi

Science

La terre ne bouge pas, de Gustave Plaisant

La terre est immobile : preuve que la terre ne tourne ni autour de son axe, ni autour du soleil, Carl Schoepffer

Développement personnel/Psychologie

La clé du bonheur : 365 offirmations* pour surmonter dépression, découragement, déprime et être heureux en toutes circonstances [Ce n'est PAS une faute d'orthographe], de Lucia Canovi

La Clé du Calme : 365 offirmations* pour triompher de l'anxiété, du stress, de la colère et trouver la sérénité [Ce n'est PAS une faute d'orthographe], de Lucia Canovi

La Clé de la Richesse : 365 questions à se poser pour s'enrichir malgré la crise, de Lucia Canovi

Le petit livre de la paix intérieure : Proverbes anti-stress et citations calmantes, de Lucia Canovi

Le petit livre qui fortifie : Proverbes réconfortants et citations motivantes, de Lucia Canovi

Marre de la vie ? Tuez la dépression avant qu'elle ne vous tue !, de Lucia Canovi

Aller mal quand tout va bien : La dépression dédramatisée, de Lucia Canovi

La dépression est une vraie maladie ? 9 idées fausses sur la tristesse et le mal-être, de Lucia Canovi

Et si la dépression avait un sens ?, de Lucia Canovi

Les vraies causes de la dépression, de Lucia Canovi

Libérez-vous de l'alcool et de la cigarette : Comprendre le joug pour le briser, de Lucia Canovi

Vivez jusqu'au bout ! Suicide, mode de non-emploi, de Lucia Canovi

Vous n'êtes pas fou ! Les maladies mentales démystifiées, de Lucia Canovi

Antidépresseurs, mensonges et conséquences, de Lucia Canovi

Secrets et dangers de la psychanalyse : Freud n'est pas votre ami, de Lucia Canovi

Torture ou thérapie ? La vérité sur les électrochocs, de Lucia Canovi

Enfin heureux ! Cinq thérapies gratuites et efficaces pour retrouver le sourire, de Lucia Canovi

Etudes/Art d'écrire

7 secrets pour réussir brillamment ses études sans le moindre stress !, de Lucia Canovi

Ecrire une scène d'action en s'inspirant d'un grand romancier, de Lucia Canovi

Roman

Amour et mensonges sous le ciel d'Italie, roman de Jean Webster

Horace, roman de George Sand

Les dames vertes, roman de George Sand

Histoire

Pourquoi j'ai embrassé l'Islam, d'Anselme Turmeda

La révolution française : une conspiration ?, d'Augustin Barruel

À propos de Lucia Canovi

Lucia Canovi est auteur, éditeur et iconoclaste. Sa vie comporte trois actes très différents.

Premier Acte : Adeline Aragon gagne six prix littéraires, réussit ses études de lettres modernes et obtient du premier coup l'agrégation, concours réputé pour sa difficulté. Après ces brillantes études, désorientée, elle se tourne vers l'enseignement moins par choix que par impossibilité de changer en gagne-pain l'écriture, sa vocation de toujours. Pendant ce premier acte, elle est athée, cartésienne et militante féministe (Voir son livre *Sept mensonges du féminisme*).

Deuxième Acte : profondément insatisfaite de sa vie même si elle a « tout », à 27 ans elle se lance dans l'astrologie, le tarot et le russe, se teint les cheveux en rouge vif, quitte sa Toulouse natale pour Paris, et troque son rationalisme contre un mysticisme échevelé qui la mène à l'hôpital psychiatrique pour deux semaines. Loin de lui apporter le bonheur, cette route tortueuse se révèle de moins en moins carrossable. Pendant ce second acte, elle fume, boit, construit des châteaux en Espagne (voir son livre *Libérez-vous de l'alcool et de la cigarette : comprendre le joug pour le briser*), continue à écrire sans convaincre aucun éditeur de son génie, et adopte toutes les croyances du Nouvel Âge, dont la réincarnation. Elle est alors une disciple enthousiaste d'Eckhart Tolle (Voir son livre *Eckhart Tolle et l'idiocratie : doctrine et effets d'un « grand maître spirituel »*).

Troisième Acte : arrivée au bout de ses ressources financières, sans ami et sans amour, pour la première fois de sa vie elle se tourne vers Dieu pour Lui demander Son aide. Une semaine après, elle rencontre l'homme de sa vie qui lui propose immédiatement le mariage et l'Islam. Le coup de foudre étant réciproque, elle accepte le mariage. Quelques mois et d'innombrables lectures plus tard, dont *Le Mensonge de l'évolution* d'Harun Yayha, pour son plus grand bonheur elle se convertit à l'Islam.

Encouragée par son mari, elle se remet à l'écriture sous le nom de plume de Lucia Canovi avec un enthousiasme renouvelé et un but bien précis : aider les personnes qui souffrent comme elle a souffert. Son grand livre *Mentalpax : antidépresseur naturel sous forme de livre préconisé dans le traitement de l'anxiété, des idées noires, de la dépression et des autres diagnostics (*publié dans une première version sous le titre *Marre de la vie ?)* est le fruit de huit années de recherches ; les lecteurs l'adorent.

Par la suite, elle écrit sur toutes sortes de sujets, avec un intérêt particulier pour la logique, le développement personnel (voir en particulier son livre *Le trésor : découvrez la méthode la plus simple de vous faire des alliés et de réaliser vos rêves*), la religion (voir son livre *L'Islam au-delà des apparences*) et le mal sous toutes ses formes (voir son livre *Conversations avec l'ennemi de Dieu : le mal au XXIe siècle*).

En 2015, prenant conscience qu'il ne sert à rien d'attendre l'éditeur charmant, Lucia Canovi se décide à créer sa propre maison d'édition par internet, **lucia-canovi.com,** ce qui lui donne l'opportunité de publier *Freud tueur en série : vrais meurtres et théorie erronée*, chef-d'oeuvre d'investigation où Eric Miller prouve par A+B que Freud a sauvagement assassiné son neveu John, ainsi que quelques-uns de ses amis et quelques unes de ses patientes.

Iconoclaste, Lucia Canovi prend un plaisir subversif à mettre en pièces les mensonges les mieux établis, démolissant en priorité les impostures qui, en raison de leur ancienneté ou de leur succès quasi universel, semblent infiniment plus vénérables que les vérités ridiculisées qu'elles prétendent remplacer.

Aujourd'hui, Lucia Canovi vit tranquillement en Algérie avec son mari et ses deux enfants, et s'emploie à offrir le meilleur à ses lecteurs de plus en plus nombreux. Ses livres sont traduits en anglais, espagnol, allemand, italien, portugais, japonais, russe et néerlandais. Vous pouvez lui écrire à lucia@lucia-canovi.com.

Table des matières

www.ingramcontent.com/pod-product-compliance
Lightning Source LLC
Chambersburg PA
CBHW060651290526
45793CB00001B/495